I0842300

LA DIPENDENZA DALLA PORNOGRIAIA

Se hai scoperto di essere affetto da pornodipendenza, non devi vergognarti o sentirti in colpa.La pornodipendenza è un disturbo che colpisce molte persone e che può avere conseguenze negative sulla tua salute, sulle tue relazioni e sulla tua autostima. Ma non sei solo e non sei senza speranza. Non lasciarti scoraggiare dalla pornodipendenza. C'è una via d'uscita. Inizia a leggere questo libro e scopri come cambiare la tua vita in meglio.

Edizione 1.0 - Aprile 2023

Pubblicato da MisterFap

Copyright © 2023 di MisterFap

Scopri gli altri titoli e prodotti sul sito

seguici su:

@mister_fap_

e-mail: mist3r.fap@gmail.com

Tutti i diritti riservati, compreso il diritto di riproduzione totale o parziale con qualsiasi mezzo

Che cos'è la pornografia e come funziona l'industria della pornografia

La società contemporanea ha assistito all'aumento della presenza e dell'accettazione della pornografia. Siamo costantemente bombardati da immagini e video espliciti che rappresentano il sesso in modo distorto e irrealistico. Mentre molte persone vedono la pornografia come un modo innocuo per soddisfare i propri desideri sessuali, la realtà è che può facilmente diventare una dipendenza distruttiva.

La dipendenza dalla pornografia rappresenta un problema che sta colpendo sempre più persone, soprattutto i giovani. La natura facile e accessibile della pornografia online ha portato molte persone a diventare dipendenti, con effetti distruttivi sulle loro relazioni, la loro salute mentale e persino la loro capacità di apprezzare il vero piacere del sesso.

Fortunatamente, esiste una soluzione. Con la giusta motivazione e determinazione, è possibile superare la dipendenza dalla pornografia. Questo libro è stato scritto per aiutare coloro che stanno lottando contro questa dipendenza a trovare la forza e il coraggio per superarla.

In questo libro, esploreremo la visione della pornografia nella società contemporanea, analizzando i problemi che essa comporta e le soluzioni che possiamo mettere in atto per liberarci dalla dipendenza. Esploreremo come la pornografia abbia cambiato le persone a livello psicologico e fisico, e come possiamo superare gli effetti negativi che essa ha sulla nostra vita.

In particolare, esploreremo la motivazione e la determinazione necessarie per superare la dipendenza. Imparerai come trovare la forza di volontà necessaria per affrontare questa sfida, e come implementare le strategie e le tecniche necessarie per superarla. Questo libro non è solo per coloro che stanno lottando contro la dipendenza dalla pornografia, ma anche per coloro che vogliono capire meglio come la pornografia influisce sulla nostra società e sulla nostra vita. Speriamo che le informazioni contenute in questo libro ti aiuteranno a trovare la forza e il coraggio per superare questa dipendenza, e a vivere una vita più felice e soddisfacente.

Il nostro corpo e la nostra mente sono stati creati per sperimentare il piacere sessuale in modo sano e naturale. Tuttavia, la pornografia ha cambiato la nostra percezione del sesso e del piacere. L'accesso costante a immagini e video espliciti può portare ad una tolleranza nel nostro cervello, rendendoci dipendenti da esperienze sessuali estreme e poco realistiche.

Questa dipendenza può influenzare la nostra capacità di costruire e mantenere relazioni sane. Chi è dipendente dalla pornografia spesso trova difficile avere rapporti sessuali con un partner reale, poiché il loro cervello è abituato alla stimolazione visiva e non riesce a provare piacere dal contatto fisico.

Fortunatamente, c'è ancora speranza. Esistono molti modi per superare la dipendenza dalla pornografia. La prima cosa da fare è riconoscere che si tratta di una vera e propria dipendenza e deve essere affrontata con determinazione e motivazione.

Una delle cose più importanti per liberarsi dalla dipendenza è cercare aiuto. Non è necessario combattere da soli questa lotta. Ci

sono molte risorse disponibili come gruppi di supporto e terapie specializzate che possono aiutare a superare la dipendenza.
In questo libro, esploreremo alcune delle tecniche più efficaci per superare la dipendenza. Imparerai come sviluppare una routine quotidiana che ti aiuterà a mantenerti lontano dalla pornografia e a concentrarti su attività positive. Imparerai anche come utilizzare la meditazione e la visualizzazione per rafforzare la motivazione e la determinazione.

Infine, questo libro ti fornirà le conoscenze e le risorse necessarie per superare la dipendenza e riscoprire la gioia e il piacere del sesso sano e naturale. Siamo convinti che, con la giusta motivazione e la determinazione, è possibile superare questa dipendenza e vivere una vita felice e soddisfacente.

Capitolo 1

COME LA PORNOGRAFIA PUÒ DIVENTARE UNA DIPENDENZA

L'industria della pornografia è diventata uno dei settori più grandi e redditizi al mondo, con l'avvento di internet che ha reso questo tipo di contenuto più accessibile che mai. Tuttavia, l'accesso costante eccessivo alla pornografia può portare alla dipendenza.

Questa dipendenza è legata alla produzione di dopamina nel cervello, un neurotrasmettitore associato al piacere e alla ricompensa. Quando guardiamo la pornografia, il nostro cervello rilascia dopamina, generando una sensazione di gratificazione.

Come con altre sostanze che producono dopamina, l'uso eccessivo della pornografia può portare alla tolleranza, ovvero il cervello si abitua alla quantità di dopamina che viene rilasciata e richiede sempre più stimolazione per ottenere gli stessi effetti.

Inoltre, la pornografia può influenzare la percezione della sessualità, poiché spesso ciò che viene mostrato non è realistico e può portare a desiderare situazioni sessuali che non sono sane o realistiche. Questo può influire negativamente sulla qualità delle nostre relazioni sessuali.

La dipendenza può manifestarsi in diversi modi, come passare ore al giorno a guardare pornografia, sentirsi frustrati se non si può accedere al materiale o provare sensi di colpa o vergogna dopo aver guardato la pornografia.

La dipendenza dalla pornografia può influenzare la salute mentale e fisica, portando ad ansia, depressione e problemi di autostima. Inoltre, può portare a problemi fisici come la disfunzione erettile o la diminuzione della libido.

In generale, è importante riconoscere che la pornografia può diventare una dipendenza e che ciò può avere un impatto significativo sulla nostra vita e sulle nostre relazioni. Raggiungere un equilibrio sano nell'uso della pornografia può aiutare a preservare la salute mentale e fisica, migliorare la qualità delle nostre relazioni e migliorare la nostra qualità di vita complessiva.

La dipendenza dai contenuti pornografici può generare conseguenze rilevanti sulla salute mentale e fisica di un individuo. Tale dipendenza può causare depressione, ansia e isolamento sociale, oltre a portare alla riduzione della libido. Inoltre, può influenzare negativamente la capacità di concentrarsi e svolgere le attività quotidiane.

Le persone che soffrono di dipendenza possono sperimentare sintomi di astinenza quando cercano di smettere, come irritabilità, ansia, insonnia e aumento dell'appetito. La dipendenza può anche portare alla perdita di tempo e alla riduzione della produttività, impattando negativamente sia la vita professionale che quella personale.

Per superare la dipendenza, è importante adottare un approccio multidisciplinare che comprenda la terapia, l'auto-aiuto e il sostegno sociale. La terapia può aiutare a comprendere le cause della dipendenza e a sviluppare strategie per affrontare i comportamenti problematici. L'auto-aiuto può includere tecniche di meditazione, autocontrollo e gestione dello stress.

In definitiva, la dipendenza dai contenuti pornografici può influire negativamente sulla vita e sulle relazioni di un individuo. Tuttavia, con un approccio multidisciplinare, è possibile superare questa dipendenza e vivere una vita più sana e soddisfacente. Esplorando ulteriormente le strategie per superare la dipendenza, è possibile migliorare la salute e il benessere complessivo dell'individuo.

La dipendenza può avere diverse cause e la pornografia può essere una di queste. L'accessibilità del materiale pornografico attraverso dispositivi come computer, telefoni cellulari e tablet ha reso più facile per le persone visualizzare questo tipo di contenuto in qualsiasi momento e luogo. Ciò può aumentare la probabilità di sviluppare una dipendenza. Inoltre, la natura altamente gratificante e coinvolgente della pornografia può essere particolarmente attraente per alcune persone, che la vedono come un modo per soddisfare i loro bisogni sessuali.

La pornografia può anche diventare una dipendenza per coloro che cercano un modo per affrontare lo stress e l'ansia. Spesso, quando ci sentiamo sopraffatti dalle emozioni, cerchiamo modi per distogliere la nostra attenzione dalla situazione o dai pensieri che ci fanno sentire così. La pornografia può essere vista come una forma di evasione da questi sentimenti, fornendo momenti di distrazione e piacere.

In alcuni casi, la dopamina rilasciata durante l'eccitazione sessuale può creare una dipendenza psicologica. Quando viene rilasciata in grandi quantità, questa sostanza chimica può portare ad un desiderio compulsivo di vedere materiale pornografico, che può essere difficile da controllare o interrompere.

Per superare la dipendenza, è importante comprendere i fattori che la causano e sviluppare strategie per affrontarli. Ciò può includere l'identificazione di situazioni o pensieri che possono indurre alla visione di materiale pornografico, la riduzione dell'accessibilità della pornografia, l'identificazione di modi sani per affrontare lo stress e l'ansia, e lo sviluppo di nuovi hobby e interessi che forniscono un senso di gratificazione e di soddisfazione.

È fondamentale sviluppare un senso di consapevolezza sulla pornografia e sui suoi effetti sulla nostra vita e sulla nostra salute mentale. Ciò può includere la comprensione dei limiti sani per la visione di materiale pornografico e la ricerca di supporto da parte di amici, familiari o professionisti della salute mentale. Superare la dipendenza richiede un impegno a lungo termine e può richiedere l'aiuto di un professionista esperto in dipendenza sessuale.

In conclusione, la dipendenza dalla pornografia può avere molte cause, ma è possibile superarla. Identificare i fattori che contribuiscono alla dipendenza e sviluppare nuovi modi per affrontarli sono fondamentali per il successo a lungo termine. L'importanza della consapevolezza sulla pornografia e sui suoi effetti sulla nostra vita e salute mentale non può essere sottovalutata.

Un altro aspetto cruciale da considerare quando si tratta di dipendenza è il ciclo che ne deriva. Il ciclo si compone di quattro fasi principali, che sono il trigger, l'uso, la gratificazione e il rimorso. Il trigger è ciò che induce alla visione di materiale pornografico, come ad esempio l'ansia, la noia, la solitudine o la disponibilità di dispositivi per la visione. Una volta che il trigger si verifica, l'individuo si sente spinto ad utilizzare la pornografia.

La fase dell'uso è quella in cui la persona inizia effettivamente a visionare il materiale pornografico. Questa fase può durare diversi minuti o ore, a seconda dell'individuo e della quantità di materiale visionato.

La fase della gratificazione è quella in cui la persona sperimenta il piacere associato alla visione del materiale pornografico. Questo può includere sentimenti di eccitazione, piacere fisico e gratificazione emotiva. La dopamina rilasciata durante la fase di gratificazione può creare una dipendenza psicologica, aumentando il desiderio compulsivo di visionare ulteriore materiale pornografico.

Infine, la fase del rimorso si verifica dopo la visione del materiale pornografico, quando la persona si rende conto dell'effetto negativo che ha avuto sulla propria vita e sulla propria salute mentale.
Questo può includere sentimenti di vergogna, colpa e disgusto per se stessi.
Per interrompere il ciclo della dipendenza, è importante identificare i trigger e sviluppare strategie per evitarli. Ciò può includere l'utilizzo di filtri per la pornografia, la limitazione dell'accesso ai dispositivi per la visione di pornografia e l'identificazione di nuovi modi per affrontare le emozioni negative.
Inoltre, può essere utile cercare supporto da parte di amici, familiari o professionisti della salute mentale. Il supporto può includere la partecipazione a gruppi di supporto per la dipendenza o la consulenza individuale con un terapeuta specializzato.
È importante comprendere che la dipendenza può essere causata da diversi fattori, tra cui l'accessibilità della pornografia su Internet, la natura altamente gratificante della pornografia e la dipendenza psicologica creata dalla dopamina. La dipendenza può avere un impatto significativo sulla salute mentale e sulla qualità della vita delle persone.
Per concludere, la dipendenza dalla pornografia è un problema che può essere superato attraverso il riconoscimento del ciclo della dipendenza e l'adozione di strategie per interromperlo.

Capitolo 2

Gli effetti negativi della dipendenza dalla pornografia sulla salute mentale e fisica

La pornografia può essere vista come un'attività inoffensiva, ma il suo uso eccessivo e la dipendenza possono causare una serie di effetti negativi sulla salute mentale e fisica. In questa sezione, esploreremo in modo ampio i diversi effetti negativi della dipendenza dalla pornografia sulla salute mentale e fisica.

In primo luogo, la dipendenza dalla pornografia può avere un impatto significativo sulla salute mentale di un individuo. Può causare ansia, depressione, isolamento sociale e ridotta autostima. Le persone che sono dipendenti dalla pornografia spesso lottano con la vergogna e la colpa associata alla loro dipendenza, il che può aumentare il rischio di sviluppare problemi di salute mentale. Inoltre, la dipendenza dalla pornografia può causare una serie di problemi relazionali. Le persone che sono dipendenti dalla pornografia possono diventare distanti dai loro partner e dagli amici, preferendo passare il tempo a visionare materiale pornografico invece di impegnarsi in attività sociali. Ciò può portare a sentimenti di solitudine e isolamento.

La dipendenza dalla pornografia può anche avere un impatto negativo sulla salute fisica di un individuo. Il visionamento eccessivo di materiale pornografico può portare a una ridotta attività fisica e una maggiore sedentarietà, aumentando il rischio di obesità e malattie croniche come il diabete e le malattie cardiache.

Inoltre, la dipendenza dalla pornografia può anche influire sulla funzione sessuale dell'individuo. Gli uomini che sono dipendenti dalla pornografia possono sperimentare problemi di erezione, disfunzione erettile e riduzione della libido. Le donne che sono dipendenti dalla pornografia possono sperimentare una riduzione del desiderio sessuale e difficoltà nel raggiungere l'orgasmo.

La dipendenza dalla pornografia può anche influire sulla qualità del sonno. Le persone che sono dipendenti dalla pornografia spesso passano ore a visionare materiale pornografico durante la notte, il che può portare a disturbi del sonno e riduzione della qualità del sonno.

Infine, la dipendenza dalla pornografia può anche avere un impatto negativo sul lavoro e sulle relazioni familiari. Le persone che sono dipendenti dalla pornografia possono diventare distratte durante il lavoro e avere difficoltà a concentrarsi. Inoltre, la dipendenza dalla pornografia può portare a problemi coniugali, separazioni e divorzi.

In sintesi, la dipendenza dalla pornografia può avere un impatto significativo sulla salute mentale e fisica di un individuo. Può causare ansia, depressione, isolamento sociale, ridotta autostima, problemi relazionali, ridotta attività fisica, problemi di erezione, riduzione del desiderio sessuale, disturbi del sonno, problemi sul lavoro e nelle relazioni familiari.

La dipendenza dalla pornografia può avere un impatto negativo sulla qualità del sonno di una persona, e ci sono diversi fattori che contribuiscono a questo problema. Quando si sviluppa una dipendenza, si può trovare difficile concentrarsi su altre attività, e questo può portare a passare ore a guardare video online. Ciò significa che si potrebbe trascorrere notti insonni per guardare più video o soddisfare il desiderio di guardare ancora uno. Inoltre, la visione della pornografia può causare un'iperstimolazione del cervello, che può rendere difficile addormentarsi e portare a un sonno di scarsa qualità.

La dipendenza può anche influenzare negativamente i ritmi circadiani del corpo, ovvero il ciclo naturale di sonno e veglia che il corpo segue. Questo ciclo è influenzato dalla luce del sole e da altri fattori esterni, e quando si guarda la pornografia durante le ore notturne, si può interrompere il ciclo naturale, rendendo difficile addormentarsi o causando un sonno di scarsa qualità.

La mancanza di sonno può causare una serie di problemi di salute fisica e mentale, tra cui stanchezza, irritabilità, mancanza di concentrazione e problemi di memoria. Inoltre, può aumentare il rischio di sviluppare malattie come obesità, diabete e malattie cardiache. La mancanza di sonno può anche influire negativamente sul sistema immunitario, rendendo più facile ammalarsi.

Per evitare questi problemi, è importante cercare di ridurre o eliminare la dipendenza dalla pornografia. Ci sono diversi metodi che si possono utilizzare, tra cui cercare il supporto di un terapista o di un gruppo di sostegno, evitare l'accesso a siti web che offrono contenuti pornografici, o cercare attività alternative per mantenere la mente occupata.

Inoltre, è importante mantenere una routine regolare di sonno e veglia, cercando di andare a letto e alzarsi sempre alla stessa ora ogni giorno. Ci sono anche alcune pratiche di auto-cura che si possono utilizzare per aiutare a migliorare la qualità del sonno, come fare esercizio fisico regolare, evitare l'alcol e la caffeina prima di dormire, e creare un ambiente di sonno confortevole e tranquillo.

In sintesi, la dipendenza dalla pornografia può avere effetti negativi sulla qualità del sonno di una persona, aumentando il rischio di problemi di salute fisica e mentale. È importante cercare di ridurre o eliminare la dipendenza, utilizzando diversi metodi e pratiche di auto-cura per migliorare la qualità del sonno e preservare la salute generale.

La dipendenza dalla pornografia può rappresentare un serio rischio per la salute fisica di una persona. Oltre ad avere effetti negativi sulla salute mentale e sociale, può portare ad uno stile di vita sedentario e causare una serie di problemi di salute.

Innanzitutto, la dipendenza dalla pornografia può spingere una persona a passare molte ore al giorno seduta davanti al computer o al telefono. Ciò può aumentare il rischio di problemi di circolazione sanguigna, obesità e altri problemi di salute associati ad uno stile di vita sedentario.

Inoltre, la dipendenza dalla pornografia può causare disfunzione erettile negli uomini. Questo accade perché il cervello si abitua a rispondere solo a certi tipi di stimoli, come quelli presenti nei video pornografici. Ciò può rendere difficile avere un'erezione durante i rapporti sessuali con un partner reale, portando a sentimenti di frustrazione e insoddisfazione sessuale.

La dipendenza dalla pornografia può anche causare la riduzione del livello di testosterone negli uomini, un ormone importante per la salute sessuale, il desiderio sessuale e la forza fisica. Un basso livello di testosterone può causare una serie di problemi di salute, tra cui ridotta libido, stanchezza e aumento di peso.

Inoltre, la visione della pornografia può mettere a dura prova gli occhi, poiché guardare lo schermo del computer o del telefono per lunghe ore può causare affaticamento degli occhi, secchezza oculare e problemi di visione a lungo termine.

Per concludere, la dipendenza dalla pornografia può avere effetti negativi sulla salute fisica di un individuo in molti modi. E' importante cercare di ridurre o eliminare la dipendenza al fine di preservare la salute generale e migliorare la qualità della vita. Le persone che si sentono coinvolte in una dipendenza dovrebbero cercare aiuto da un professionista della salute mentale o da gruppi di supporto. Inoltre, è importante adottare uno stile di vita attivo e sano, comprensivo di una dieta equilibrata, esercizio fisico regolare e sufficiente riposo.

La dipendenza dalla pornografia può avere effetti negativi sulla salute mentale di una persona in diversi modi. Innanzitutto, chi sviluppa questa dipendenza potrebbe sentirsi isolato e solitario. Questo isolamento può portare a un senso di alienazione e alla comparsa di sintomi depressivi.

Inoltre, la visione ripetuta di contenuti pornografici può creare una dipendenza dal piacere immediato e artificiale, che può causare una sensazione di vuoto e insoddisfazione quando si smette di guardare i video. Questo può dar luogo ad una spirale discendente di depressione e alla ricerca di contenuti ancora più intensi per provare la stessa sensazione di piacere.

La dipendenza dalla pornografia può anche avere effetti negativi sulla chimica del cervello, poiché l'eccessiva esposizione a questo tipo di contenuti può ridurre la quantità di dopamina, un neurotrasmettitore importante per il piacere e il benessere. Ciò può portare ad un aumento della depressione e dell'ansia.

Inoltre, la dipendenza può portare ad un'alterazione dell'autostima e dell'immagine corporea. I video pornografici spesso mostrano immagini irrealistiche di uomini e donne perfetti, che possono indurre le persone a confrontarsi con questi standard impossibili da raggiungere. Questo può causare un calo dell'autostima, insoddisfazione corporea e una maggiore vulnerabilità alla depressione.

Infine, la dipendenza dalla pornografia può influire negativamente sulla vita sessuale di una persona, portando a sentimenti di vergogna e colpa. Ciò può portare ad un senso di isolamento e depressione.

In sintesi, la dipendenza può avere un impatto devastante sulla salute mentale e sulla qualità della vita di una persona. E' importante cercare di ridurre o eliminare la dipendenza al fine di prevenire o ridurre i sintomi depressivi e migliorare il proprio benessere. Ci sono diverse strategie per superare la dipendenza dalla pornografia, come trovare attività alternative che possano dare piacere e benessere, come lo sport o la musica, e infine cercare di modificare il proprio stile di vita e le proprie abitudini per limitare l'esposizione ai contenuti pornografici.

La dipendenza dalla pornografia è un problema serio che può avere un impatto significativo sulla vita professionale di un individuo. Infatti, la dipendenza può rendere difficile concentrarsi sul lavoro e completare le attività quotidiane a causa del desiderio incontrollabile di guardare contenuti pornografici.

La dipendenza può anche portare a problemi di relazione con i colleghi di lavoro e i superiori, poiché l'individuo potrebbe essere considerato poco affidabile o poco professionale a causa della mancanza di concentrazione sul lavoro. Inoltre, la dipendenza può influenzare negativamente le relazioni interpersonali sul posto di lavoro, causando conflitti e tensioni con i colleghi.

La dipendenza può anche portare a problemi di assenteismo, poiché l'individuo potrebbe essere tentato di saltare il lavoro per dedicarsi alla visione di contenuti pornografici. Inoltre, la dipendenza può portare a problemi di puntualità, poiché l'individuo potrebbe preferire guardare la pornografia anziché prepararsi per il lavoro.

Purtroppo, in alcuni casi, la dipendenza può portare alla perdita del lavoro. Se l'individuo non riesce a mantenere una buona performance a causa della dipendenza, il datore di lavoro potrebbe decidere di terminare il contratto di lavoro.

In conclusione, la dipendenza può avere un impatto negativo sulla vita professionale di un individuo, causando problemi di concentrazione, relazioni interpersonali negative, assenteismo e perdita del lavoro.

La dipendenza è un problema che può avere un forte impatto sulla percezione di sé e sull'autostima di un individuo. Nel caso specifico della dipendenza dalla pornografia, il coinvolgimento in questo tipo di attività può generare sensazioni di vergogna e colpa che influiscono pesantemente sulla propria autostima. La dipendenza può anche generare problemi di auto-immagine, creando aspettative irrealistiche riguardo al proprio corpo e alle proprie performance sessuali.

La costante esposizione ad immagini di corpi perfetti e ad atti sessuali idealizzati può portare ad una percezione distorta della realtà e a sentimenti di inferiorità. Ciò può generare problemi di autostima e di auto-immagine, che influiscono negativamente sul modo in cui l'individuo si percepisce e si relaziona con gli altri. Inoltre, la dipendenza può anche portare ad una riduzione della libido e della capacità di godere del sesso nella vita reale, generando ulteriori problemi di autostima e auto-immagine.

Gli effetti negativi della dipendenza dalla pornografia non si limitano solo alla sfera sessuale, ma possono anche generare problemi di ansia sociale e di isolamento sociale. Infatti, la vergogna e la colpa associate alla dipendenza possono portare l'individuo a evitare situazioni sociali o intime per paura di essere scoperto. Questo può influire negativamente sulle relazioni personali e sul lavoro, portando a problemi di ansia, depressione e problemi relazionali.

Capitolo 3

Come la dipendenza dalla pornografia può influenzare la vita sociale e relazionale

La dipendenza dai contenuti pornografici può avere effetti molto gravi sulla vita sociale e relazionale di una persona. La dipendenza può portare a una diminuzione della socializzazione e della partecipazione a eventi sociali, con il rischio di un ritiro dalla vita sociale e dalla propria comunità. Inoltre, la dipendenza può portare a difficoltà di comunicazione e interazione con gli altri, in particolare con il sesso opposto, a causa della visione distorta dell'intimità e delle relazioni.

La dipendenza può anche portare a una diminuzione della capacità di creare e mantenere relazioni interpersonali sane e durature. La dipendenza spesso porta a una visione distorta dell'amore e dell'intimità, e può portare a comportamenti compulsivi e problematici nella vita reale. Le persone che lottano con la dipendenza spesso trovano difficile sviluppare relazioni di fiducia e intimità con gli altri, il che può portare a sentimenti di solitudine e isolamento.

Inoltre, la dipendenza può portare a problemi di relazione con il partner. Le persone che lottano con la dipendenza possono essere portate a cercare attività sessuali alternative o più estreme, mettendo a rischio la stabilità e la fedeltà della loro relazione. La dipendenza può anche portare a un aumento della gelosia e della paranoia, portando a conflitti e tensioni all'interno della coppia.

La dipendenza può anche influenzare la capacità di un individuo di svolgere ruoli sociali importanti come quello di genitore, amico o dipendente. La dipendenza può portare a problemi di concentrazione, memoria e motivazione, che possono influire sulla capacità di un individuo di svolgere attività quotidiane e di mantenere relazioni significative.

La dipendenza dai contenuti pornografici può avere conseguenze negative sulla capacità di un individuo di svolgere ruoli sociali importanti. Essa può influenzare negativamente le relazioni familiari, amicali e lavorative, creando barriere che possono essere difficili da superare.

Ad esempio, un genitore dipendente dalla pornografia potrebbe avere difficoltà a stabilire una comunicazione efficace con i propri figli, creando un divario tra di loro e un clima di tensione. Questa dipendenza potrebbe anche rendere difficile per la persona impegnarsi in attività familiari, come i momenti di gioco con i propri figli, poiché potrebbe preferire guardare contenuti pornografici invece di trascorrere del tempo di qualità con la propria famiglia.

Inoltre, la dipendenza può anche influenzare negativamente le relazioni amicali. L'individuo potrebbe avere difficoltà a sviluppare nuove amicizie, mantenere quelle esistenti o svolgere attività sociali a causa della sua dipendenza. Ciò potrebbe portare alla solitudine e all'isolamento sociale.

Inoltre, la dipendenza dalla pornografia può influire sulla capacità dell'individuo di svolgere il proprio lavoro in modo efficace. La dipendenza può portare a una diminuzione della concentrazione e della produttività sul posto di lavoro. Inoltre, il dipendente potrebbe avere difficoltà a gestire lo stress e le sfide che il lavoro può comportare, e questo potrebbe influenzare negativamente la sua reputazione e le opportunità di avanzamento di carriera.

In conclusione, la dipendenza dalla pornografia può avere un impatto significativo sulla vita sociale e relazionale di un individuo. Può portare alla solitudine, all'isolamento sociale e a una diminuzione della capacità di svolgere ruoli importanti nella vita, come quello di genitore, amico o dipendente.

La dipendenza è un problema che affligge molti individui, non solo quelli che hanno un'addizione alla pornografia, ma anche coloro che lutano con altre forme di dipendenza come l'alcolismo, il gioco d'azzardo, l'abuso di droghe e così via. Tuttavia, la dipendenza può avere conseguenze devastanti sulla vita delle persone, poiché può portare a una diminuzione della capacità di creare e mantenere relazioni interpersonali sane e durature.

La dipendenza può consumare una persona, prendendo il controllo della loro vita e delle loro decisioni. Questo può portare a comportamenti egoistici e ad isolarsi dagli altri. La persona dipendente potrebbe perdere l'interesse per le relazioni sociali, preferendo invece passare il tempo in solitudine o con la loro dipendenza. Questo può portare a relazioni rovinate, amicizie perse e persino al fallimento delle relazioni romantiche.

Inoltre, la dipendenza può rendere le persone incapaci di comunicare efficacemente con gli altri. Potrebbero avere difficoltà a parlare dei loro sentimenti, delle loro preoccupazioni e delle loro esperienze con gli altri. Questo può portare a sentimenti di solitudine e di isolamento, poiché non riescono ad aprirsi e a connettersi con le persone intorno a loro.

La dipendenza può anche portare a comportamenti distruttivi che possono danneggiare le relazioni interpersonali. Ad esempio, potrebbe portare a comportamenti sessualmente inappropriati o aggressivi, che possono mettere a rischio la sicurezza delle persone intorno a loro e la loro capacità di mantenere relazioni sane e durature.

Per queste ragioni, è importante che le persone che lottano con la dipendenza cerchino aiuto per superare il loro problema. Questo può essere difficile, ma è possibile trovare il supporto e le risorse di cui hanno bisogno per superare la loro dipendenza e riprendere il controllo della loro vita.

In conclusione, la dipendenza può avere conseguenze devastanti sulla capacità di creare e mantenere relazioni interpersonali sane e durature.

la dipendenza può portare a comportamenti sessualmente inappropriati o addirittura aggressivi. Ciò è particolarmente vero quando si tratta di dipendenza sessuale, che può spingersi fino alla pornografia.

Molte persone pensano che la pornografia sia solo un passatempo innocuo, ma in realtà può avere un impatto significativo sulla mente e sul comportamento. Quando una persona diventa dipendente dalla pornografia, può perdere il controllo dei propri impulsi sessuali e iniziare a cercare situazioni e comportamenti che prima avrebbe considerato inappropriati o persino disgustosi. Questo può portare a comportamenti sessuali aggressivi o violenti, che possono danneggiare gravemente la vita della persona coinvolta e delle persone che le stanno vicino.

La dipendenza è un problema che può avere un impatto significativo sulla capacità di una persona di gestire lo stress. Quando una persona diventa dipendente da qualcosa, può diventare difficile per lei affrontare le difficoltà della vita quotidiana senza ricorrere a quel comportamento o sostanza. Questo può portare a un circolo vizioso di dipendenza e stress, in cui la dipendenza stessa diventa una fonte di stress e la persona è costretta a cercare sempre più comportamenti o sostanze per alleviare la tensione.

La dipendenza può influire sulla capacità della persona di affrontare le sfide della vita quotidiana in molti modi diversi. In primo luogo, può rendere difficile per la persona concentrarsi su compiti importanti.. Quando si è dipendenti, la mente può essere costantemente distratta dal desiderio di cercare comportamenti o sostanze che soddisfano la dipendenza. Questo può portare a problemi di produttività e prestazioni lavorative.

Infine, la dipendenza può influire sulla capacità della persona di prendersi cura di se stessa. Quando si è dipendenti, può diventare difficile per la persona concentrarsi sulla propria salute e benessere. Ciò può portare a problemi di salute fisica e mentale, che a loro volta possono aumentare il livello di stress e creare un circolo vizioso di dipendenza e malattia.

Quando si parla di dipendenza, spesso ci si concentra sugli effetti negativi sulla propria vita e sulla propria salute mentale e fisica. Ma c'è un aspetto della dipendenza che spesso viene trascurato, ma che è altrettanto importante: il modo in cui la dipendenza può portare a comportamenti manipolativi e abusivi.

Quando si diventa dipendenti da qualcosa, si è disposti a fare di tutto per soddisfare il proprio bisogno, anche a discapito degli altri. Questo può portare a comportamenti manipolativi e abusivi, in cui si cerca di controllare e influenzare le persone intorno a noi per soddisfare il proprio bisogno. La dipendenza può diventare così invasiva che la persona dipendente inizia a perdere il senso dell'empatia e della compassione per gli altri.

Ciò può portare a relazioni tossiche e distruttive, in cui la persona dipendente cerca di controllare e manipolare il partner o gli amici per ottenere ciò che vuole. Questi comportamenti possono includere l'isolamento del partner dagli amici e dalla famiglia, il controllo delle finanze o dei movimenti, il rifiuto di rispettare i limiti e le scelte del partner, o addirittura la violenza fisica.

Le conseguenze di questi comportamenti possono essere devastanti per le persone coinvolte. Il partner può sentirsi confuso, insicuro e privato della propria autonomia, e può sviluppare problemi di salute mentale come l'ansia e la depressione. Inoltre, questi comportamenti possono essere estremamente dannosi per i bambini che crescono in un ambiente così teso e manipolativo.

Ecco perché è importante cercare aiuto se si soffre di dipendenza. Non solo si sta mettendo a rischio la propria salute e il proprio benessere, ma si sta anche mettendo a rischio le relazioni con le persone intorno a noi.

Capitolo 4

Come identificare se si è dipendenti dalla pornografia

Il primo passo per superare la dipendenza è riconoscere di essere dipendenti. Identificare se si è dipendenti dalla pornografia può essere difficile perché non esiste una definizione precisa di "dipendenza". Tuttavia, ci sono alcune caratteristiche che possono indicare una dipendenza.

Una persona che è dipendente dalla pornografia potrebbe sentirsi costantemente attratta da contenuti pornografici e avere difficoltà a limitare o controllare la propria attività online. Potrebbe anche perdere interesse per le attività che prima erano importanti, come il lavoro o le relazioni interpersonali.

Inoltre, la dipendenza può portare a cambiamenti nel comportamento sessuale, come la ricerca di esperienze più estreme o la mancanza di interesse per il sesso con un partner reale. La dipendenza può anche causare ansia, depressione e problemi di autostima.

Se si nota una perdita di controllo sull'uso di pornografia, una dipendenza potrebbe essere presente. Altri segni di dipendenza possono includere la necessità di aumentare gradualmente la quantità o l'intensità del materiale pornografico per soddisfare la propria curiosità e il desiderio di evitare attività che non coinvolgono la pornografia.

In generale, se la pornografia sta interferendo con la propria vita quotidiana e con il benessere personale, potrebbe essere il momento di cercare aiuto per superare la dipendenza. Ci sono molte risorse disponibili, come gruppi di supporto, consulenti e programmi di riabilitazione, che possono aiutare a superare la dipendenza dalla pornografia.

Il processo di guarigione può essere difficile, ma è importante ricordare che è possibile superare la dipendenza e trovare una vita più soddisfacente e appagante. Il primo passo è riconoscere il problema e cercare aiuto.

La frequenza è un fattore importante da considerare quando si parla di dipendenza dalla pornografia. Quando si è dipendenti, spesso si ha la necessità di guardare video o immagini sempre più spesso, fino a quando non si diventa incapaci di controllare il proprio comportamento. La frequenza di consumo è un indicatore chiave della dipendenza, e può aiutare a identificare se si è in questa situazione.

Una delle prime cose da considerare è quanto spesso si guarda la pornografia. Se si è costretti a guardarla ogni giorno o più volte al giorno, questo può essere un segnale di dipendenza. Inoltre, se si passa molte ore al giorno a guardare la pornografia, questo può essere un altro indicatore della presenza di una dipendenza.

Un'altra cosa da considerare è il fatto che la pornografia diventa sempre più intensa e estrema nel tempo. Ciò significa che quando si diventa dipendenti, spesso si guarda contenuti che un tempo sarebbero stati considerati inappropriati o addirittura disgustosi. La frequenza con cui si guarda questo tipo di contenuti può essere un indicatore di dipendenza.

Inoltre, la dipendenza dalla pornografia può avere un impatto significativo sulla vita quotidiana. Ad esempio, se si preferisce passare del tempo a guardare la pornografia piuttosto che trascorrere del tempo con amici o familiari, questo può essere un segno di dipendenza. Inoltre, se si rischia di perdere il lavoro o di avere problemi finanziari a causa del consumo di pornografia, questo è un altro segnale che si è in una situazione di dipendenza. Quando si parla di dipendenza, si parla spesso di escalation, ovvero il bisogno di aumentare sempre di più la dose di una sostanza o di un comportamento per provare la stessa gratificazione. Questo vale anche per la dipendenza dalla pornografia: quando si diventa dipendenti, si ha bisogno di sempre maggiori stimoli per provare lo stesso piacere, fino a che il sesso virtuale non basta più e si passa a comportamenti sempre più estremi e devianti.

L'escalation può essere molto pericolosa, perché può portare a comportamenti sessuali pericolosi, illegali o moralmente discutibili. Può anche portare a problemi nella vita reale, come la perdita del lavoro, dei rapporti e dell'autostima.

Identificare l'escalation è quindi importante per capire se si è diventati dipendenti dalla pornografia. Se si inizia a cercare sempre nuove categorie o generi di pornografia, o si passa da video softcore a quelli hardcore, è probabile che si stia sperimentando l'escalation.

Altri segnali di escalation includono la perdita di interesse per altre attività, l'aumento del tempo trascorso davanti allo schermo, il bisogno di masturbarsi sempre più spesso e la difficoltà a fermarsi anche quando si è stanchi o si ha bisogno di fare altre cose.

In ogni caso, l'escalation è un segnale di allarme che non può essere ignorato. Se si sente di aver perso il controllo sulla propria vita sessuale, è importante cercare aiuto e agire prima che la situazione diventi ancora più grave.

Quando si è dipendenti da qualcosa, spesso ci si sente intrappolati in un ciclo che sembra impossibile da interrompere. Questo è particolarmente vero per la dipendenza dalla pornografia, dove l'incapacità di smettere può diventare un grave problema. Molti individui si trovano nella situazione in cui continuano a guardare la pornografia anche se sanno che sta danneggiando la loro vita e le loro relazioni. Questo comportamento ossessivo può portare a gravi conseguenze, come la perdita di amicizie, relazioni e persino la carriera.

L'incapacità di smettere quando si è dipendenti dalla pornografia può essere dovuta a molte ragioni diverse. Ad esempio, alcuni individui possono essere motivati dalla gratificazione immediata che la pornografia offre, e questo può rendere difficile resistere all'impulso di guardare più e più materiale. Altri possono trovare che la pornografia funge da meccanismo di coping per lo stress o l'ansia, e quindi si sentono costretti a guardare sempre più per far fronte alle loro emozioni negative.

In ogni caso, è importante capire che l'incapacità di smettere non è un segno di debolezza o mancanza di volontà. La dipendenza dalla pornografia è una malattia seria che richiede cure e supporto adeguati per guarire. Tuttavia, il primo passo per superare la dipendenza è riconoscere il problema e ammettere che si ha bisogno di aiuto.

In conclusione, l'incapacità di smettere quando si è dipendenti dalla pornografia è un problema comune che molte persone affrontano. Tuttavia, è importante capire che la dipendenza è una malattia curabile e che ci sono molte risorse disponibili per aiutare a superare il problema. Il primo passo per la guarigione è ammettere il problema.

Il desiderio è uno dei fattori chiave che rendono la dipendenza così difficile da superare. Quando si è dipendenti dalla pornografia, il desiderio di guardare sempre più materiale diventa sempre più forte, e spesso si finisce per fare cose che prima non si sarebbero mai pensate possibili. Questo desiderio si alimenta di una serie di fattori, come la solitudine, la depressione, l'ansia e lo stress.

Spesso si pensa che il desiderio sia una cosa negativa, ma in realtà può anche essere una fonte di motivazione positiva. Quando si vuole raggiungere un obiettivo, ad esempio, il desiderio di raggiungerlo può spingere a lavorare duramente per ottenerlo. Tuttavia, quando si tratta di dipendenze, il desiderio diventa una cosa molto pericolosa. Più si cerca di resistere alla tentazione, più il desiderio sembra aumentare.

Il desiderio può essere paragonato a una sorta di "voce" nella nostra testa che ci spinge a fare cose che non vorremmo fare. Quando si è dipendenti dalla pornografia, questa voce può diventare molto forte, e può sembrare quasi impossibile resistere alla tentazione. Tuttavia, è importante capire che questa voce non siamo noi, ma la dipendenza che parla attraverso di noi.

Il desiderio è un fattore chiave nella dipendenza dalla pornografia. Quando si diventa dipendenti, il desiderio di guardare sempre più materiale diventa sempre più forte, rendendo difficile resistere alla tentazione. Tuttavia, capire come funziona il desiderio e imparare a gestirlo può aiutare a superare la dipendenza.

Quando si tratta di dipendenza dalla pornografia, la durata del comportamento dipendente può variare notevolmente da persona a persona. Alcune persone potrebbero sviluppare una dipendenza in poche settimane, mentre altre potrebbero essere dipendenti per mesi o addirittura anni prima di riconoscere il problema.

Ci sono diversi fattori che possono influire sulla durata della dipendenza, come la frequenza e l'intensità dell'uso, la personalità e il contesto sociale della persona. Ad esempio, una persona che utilizza la pornografia come meccanismo di coping per affrontare situazioni difficili o stressanti può sviluppare una dipendenza più velocemente di una persona che utilizza la pornografia solo occasionalmente per puro piacere.

Indipendentemente dalla durata della dipendenza, è importante riconoscere il problema e iniziare a cercare aiuto il prima possibile. La dipendenza dalla pornografia può avere conseguenze negative sulla salute mentale e fisica, oltre a causare problemi di relazione e lavoro.

Uno dei fattori chiave per superare la dipendenza dalla pornografia è la determinazione a cambiare. Se una persona non è motivata a lasciare la dipendenza, sarà difficile ottenere un successo duraturo. Ci sono molte risorse disponibili per coloro che cercano di superare la dipendenza dalla pornografia, come supporto terapeutico, gruppi di supporto e programmi di recupero online.

Inoltre, è importante fare piccoli passi per superare la dipendenza. Non ci si deve aspettare di eliminare completamente l'uso della pornografia in un giorno, ma piuttosto di prendere decisioni quotidiane per ridurre gradualmente l'uso. Ciò potrebbe includere la riduzione del tempo trascorso a guardare la pornografia o l'eliminazione completa di determinati siti web o materiali.

Infine, è importante ricordare che superare la dipendenza dalla pornografia richiederà tempo e impegno. Ci saranno momenti difficili e ricadute lungo il percorso, ma ciò non significa che il percorso verso la guarigione sia impossibile. Con la giusta motivazione e supporto, chiunque può superare la dipendenza dalla pornografia e vivere una vita più sana e soddisfacente.

Capitolo 5

Le tecniche per superare la dipendenza dalla pornografia

Sono convinto che la dipendenza sia una delle peggiori cose che possiamo sperimentare nella vita. Ci fa sentire deboli e incapaci di controllare le nostre azioni e decisioni, e la dipendenza dalla pornografia non fa eccezione. Ma la buona notizia è che esistono tecniche efficaci per superare questa dipendenza e liberarsi dal suo controllo.

Una delle prime cose da fare per superare la dipendenza dalla pornografia è comprendere il motivo per cui siamo dipendenti. Molte volte, la dipendenza dalla pornografia è causata da una mancanza di fiducia in se stessi e dalla necessità di riempire un vuoto emotivo. Invece di affrontare i problemi nella vita reale, ci rivolgiamo alla pornografia come mezzo per sfuggire ai nostri problemi e alle nostre emozioni.

Una delle tecniche più efficaci per superare la dipendenza dalla pornografia è quella di trovare un'attività sostitutiva. Ciò significa trovare qualcosa di positivo da fare invece di guardare la pornografia. Potrebbe essere una nuova attività, un hobby o un impegno sociale. Qualunque cosa tu scelga, deve essere qualcosa che ti riempie di gioia e soddisfazione.

Un'altra tecnica efficace è quella di cercare supporto da parte di amici o professionisti. Trovare qualcuno che possa ascoltarti e darti il supporto emotivo di cui hai bisogno è essenziale per superare la dipendenza. Potresti anche considerare l'aiuto di un professionista della salute mentale specializzato nella dipendenza sessuale.

La consapevolezza di sé è anche fondamentale per superare la dipendenza. Questo significa diventare consapevoli dei propri pensieri, emozioni e comportamenti. Potresti scoprire che ci sono determinati momenti della giornata o situazioni che ti portano a guardare la pornografia. Identificare queste situazioni e imparare a gestirle può aiutarti a evitare la tentazione di guardare la pornografia.

Infine, non sottovalutare il potere dell'esercizio fisico e di una dieta sana. Mantenere il tuo corpo in buona salute può aiutarti a gestire lo stress e l'ansia che possono portare alla dipendenza dalla pornografia.

In definitiva, superare la dipendenza dalla pornografia richiede un impegno a lungo termine e una combinazione di diverse tecniche. Ma con la giusta motivazione e il supporto, è possibile superare la dipendenza e vivere una vita più soddisfacente e appagante.

La dipendenza è una forza potente e distruttiva che può impadronirsi delle nostre vite e impedirci di raggiungere il nostro pieno potenziale. Una delle dipendenze più comuni e dannose è quella dalla pornografia, che può portare a problemi emotivi, relazionali e fisici. Se stai cercando di superare questa dipendenza, una delle tecniche più efficaci è quella di praticare l'autocurazione. L'autocurazione è un processo attraverso il quale diventiamo consapevoli delle nostre emozioni, pensieri e comportamenti, e poi lavoriamo per migliorare e guarire noi stessi. Per superare la dipendenza dalla pornografia, l'autocurazione è fondamentale. Ciò significa assumersi la responsabilità per la propria vita e cercare attivamente di migliorare se stessi, piuttosto che aspettare che qualcun altro risolva i nostri problemi.

Ci sono molte tecniche di autocurazione che possono aiutare a superare la dipendenza dalla pornografia. Una di queste tecniche è la meditazione. La meditazione è un'attività che ci aiuta a concentrarci sul presente e a diventare più consapevoli dei nostri pensieri e delle nostre emozioni. Ciò può aiutare a ridurre lo stress e l'ansia, che possono essere trigger per la dipendenza dalla pornografia.

Un'altra tecnica di autocurazione è quella di mantenere un diario. Scrivere i nostri pensieri e le nostre emozioni ci aiuta a diventare più consapevoli di ciò che sta accadendo dentro di noi. Inoltre, il processo di scrittura può aiutare a sviluppare una maggiore consapevolezza di sé e a capire meglio le nostre motivazioni e i nostri comportamenti.

L'attività fisica è anche un'importante tecnica di autocurazione per superare la dipendenza dalla pornografia. L'esercizio fisico può aiutare a ridurre lo stress e l'ansia e può aumentare i livelli di endorfine nel nostro corpo, che ci fanno sentire bene. Inoltre, l'esercizio fisico ci aiuta a sviluppare una maggiore autostima e fiducia in noi stessi, che può essere importante per superare la dipendenza.

Infine, trovare un supporto emotivo può essere una tecnica di autocurazione molto efficace. Ciò significa trovare persone che possono ascoltare e supportare durante il processo di recupero. Potresti cercare il supporto di amici e familiari, o potresti considerare l'aiuto di un professionista della salute mentale specializzato nella dipendenza sessuale.

In definitiva, l'autocurazione è un processo di guarigione che richiede un impegno costante e un desiderio sincero di cambiare. Se stai cercando di superare la dipendenza dalla pornografia, è importante trovare tecniche di autocurazione che funzionano per te e impegnarsi attivamente nel processo di guarigione. Con la giusta motivazione e il supporto, è possibile superare la dipendenza e vivere una vita più soddisfacente e appagante.

Il desiderio di sfuggire alla realtà può essere una tentazione allettante, specialmente quando ci troviamo sotto stress. Ci sono molte attività che ci possono far dimenticare momentaneamente i nostri problemi, ma ci sono alcune che possono portare ad una vera e propria dipendenza. Una di queste attività è la pornografia.

La dipendenza è una condizione che colpisce molte persone, senza distinzione di età, genere o status socio-economico. La pornografia, in particolare, può portare ad una dipendenza molto forte e difficile da superare. La buona notizia è che ci sono molti modi per imparare a gestire lo stress e superare questa dipendenza.

Uno dei primi passi per superare la dipendenza è imparare a gestire lo stress. Lo stress può essere una delle principali cause della dipendenza, quindi è importante sviluppare un sistema di gestione dello stress efficace. Ci sono molte tecniche di gestione dello stress che possono aiutare a ridurre lo stress e aumentare la capacità di far fronte alle difficoltà della vita.

Una delle tecniche più efficaci per gestire lo stress è la meditazione. La meditazione può aiutare a ridurre lo stress e aumentare la consapevolezza del corpo e della mente. Può anche aiutare a migliorare la capacità di concentrarsi e di prendere decisioni migliori. Altre tecniche utili per gestire lo stress includono lo yoga, la respirazione profonda e l'esercizio fisico regolare.

In sintesi, superare la dipendenza dalla pornografia richiede uno sforzo costante e la capacità di gestire lo stress in modo efficace. Ci sono molte tecniche che possono aiutare a ridurre lo stress e aumentare la consapevolezza del corpo e della mente. Inoltre, cercare supporto da altre persone può essere molto utile per affrontare la dipendenza. Se sei in difficoltà, non esitare a chiedere aiuto. Ci sono molte risorse disponibili per aiutarti a superare la dipendenza.

a dipendenza può essere un problema difficile da superare, soprattutto quando si tratta di dipendenza dalla pornografia. Questa forma di dipendenza può avere un impatto negativo sulla tua vita, influenzando la tua salute mentale, le tue relazioni e la tua autostima. Ma c'è una buona notizia: imparare a gestire le tue emozioni può aiutarti a superare questa dipendenza.

Le emozioni sono un fattore chiave nella dipendenza dalla pornografia. Spesso si ricorre alla pornografia per cercare di sfuggire a sentimenti negativi come lo stress, l'ansia o la depressione. Ma la pornografia non risolve questi problemi a lungo termine, anzi, può persino peggiorare la situazione.

Per superare la dipendenza dalla pornografia è importante imparare a gestire le tue emozioni in modo efficace. Ci sono molte tecniche che puoi utilizzare per far fronte alle tue emozioni in modo sano e costruttivo. Una di queste tecniche è la mindfulness. La mindfulness ti aiuta a essere consapevole delle tue emozioni e a gestirle in modo efficace. Puoi praticare la mindfulness attraverso la meditazione, la respirazione profonda e la visualizzazione.

Inoltre, la terapia può essere molto utile per imparare a gestire le tue emozioni. Un terapeuta esperto può aiutarti ad identificare i tuoi schemi di pensiero negativi e a sviluppare strategie per far fronte alle tue emozioni in modo più sano. La terapia cognitivo-comportamentale è particolarmente efficace per affrontare la dipendenza dalla pornografia.

Anche l'esercizio fisico può essere un'ottima strategia per gestire le tue emozioni. L'esercizio fisico può aiutarti a liberare la tensione e lo stress, aumentando anche la produzione di endorfine nel tuo cervello. Le endorfine sono sostanze chimiche del cervello che ti fanno sentire felice e rilassato.

Infine, è importante cercare il supporto di amici e familiari. Avere qualcuno con cui parlare può essere molto utile per gestire le tue emozioni e superare la dipendenza. Anche se può essere difficile parlare di una dipendenza dalla pornografia, cercare il supporto di qualcuno che ti vuole bene può fare una grande differenza.

In sintesi, superare la dipendenza dalla pornografia richiede l'abilità di gestire le tue emozioni in modo efficace. La mindfulness, la terapia, l'esercizio fisico e il supporto di amici e familiari possono aiutarti a farlo. Ricorda che superare la dipendenza è un processo che richiede tempo e sforzo, ma con la giusta mentalità e le giuste strategie, è possibile farcela.

Capire quali situazioni ti portano a ricadere nella dipendenza è un passo importante per superarla. È facile cadere in tentazione quando si è esposti ad alcune circostanze che possono essere scatenanti. Potrebbe essere un momento di noia, stress o solitudine che ti spinge ad utilizzare la pornografia come modo per far fronte a queste emozioni. Può essere anche la visita a determinati siti web o la visione di alcuni tipi di contenuti che ti portano a perdere il controllo.

Identificare le situazioni a rischio può aiutarti a prepararti per gestirle quando si presentano. Ad esempio, se sai che sei spesso tentato di guardare la pornografia quando sei solo a casa, potresti pianificare di uscire di casa o fare attività che ti tengono impegnato quando sei solo. Invece di visitare determinati siti web, potresti scegliere di usare il tuo tempo per fare altre cose, come leggere un libro, fare esercizio fisico o imparare una nuova abilità.

Inoltre, cerca di evitare le persone o i luoghi che possono innescare la tua dipendenza. Se hai amici che regolarmente parlano di pornografia o ti invitano a vedere determinati contenuti, potrebbe essere necessario allontanarti da loro. Se sei a conoscenza di determinati luoghi o eventi in cui sai che potresti essere esposto alla pornografia, cerca di evitarli o di portare con te una persona di fiducia che ti possa supportare.

In generale, la prevenzione è la chiave per evitare di cadere nella dipendenza. Preparati a gestire le situazioni a rischio con azioni concrete che ti aiutino a superare la tentazione. E se succede di ricadere nella dipendenza, non scoraggiarti. È un processo che richiede tempo e impegno, ma con la giusta motivazione e gli strumenti giusti, puoi superare la tua dipendenza e vivere una vita più sana e felice.

Quando si tratta di superare la dipendenza, la capacità di vivere nel momento presente può essere una delle armi più potenti. La dipendenza può facilmente portare a un'esperienza di disconnessione dal momento presente, poiché la mente è costantemente rivolta verso il desiderio di soddisfare la propria voglia di eccitazione. La pornografia è solo uno dei molti modi in cui la dipendenza può manifestarsi, e può essere difficile riconoscere quando si sta cadendo in questa trappola.

Ma l'imparare a vivere nel momento presente può aiutare a spezzare questo ciclo. Quando siamo consapevoli di ciò che sta accadendo intorno a noi, diventiamo meno vulnerabili alle distrazioni della mente. Possiamo sviluppare la capacità di concentrarci sulle attività quotidiane e trovare soddisfazione in esse, invece di cercare piacere in comportamenti distruttivi come la visione di contenuti pornografici.

Uno dei modi migliori per imparare a vivere nel momento presente è attraverso la meditazione. La meditazione ci insegna ad avere una maggiore consapevolezza del nostro corpo e della nostra mente, e ad accettare il presente invece di giudicarlo. Ci aiuta a diventare più concentrati e a trovare la pace interiore. Questo è particolarmente importante quando si tratta di superare la dipendenza, poiché la meditazione può aiutare a ridurre lo stress e l'ansia, che spesso sono alla base della dipendenza.

Inoltre, è importante essere consapevoli delle situazioni che possono scatenare la dipendenza. Ci sono determinati trigger o fattori di rischio che possono far sì che la voglia di visionare contenuti pornografici diventi più forte. Questi trigger possono essere diversi per ogni persona, ma alcuni esempi comuni sono la solitudine, la noia, lo stress e l'ansia. Riconoscere questi fattori di rischio e trovare modi per evitare o affrontare queste situazioni può aiutare a prevenire le ricadute.

Oltre alla meditazione, ci sono anche altre tecniche che possono aiutare a vivere nel momento presente. L'esercizio fisico, la respirazione consapevole o altre attività che richiedono una maggiore concentrazione e consapevolezza del proprio corpo possono aiutare a sviluppare questa capacità. Anche la lettura di libri può aiutare a trovare il supporto necessario per superare la dipendenza.

In sintesi, imparare a vivere nel momento presente può essere un passo cruciale per superare la dipendenza. Ciò richiede la consapevolezza delle nostre emozioni e delle situazioni a rischio, nonché la volontà di trovare modi per gestirle. La meditazione e altre tecniche possono aiutare a sviluppare questa capacità, ma è importante cercare il supporto necessario per affrontare la dipendenza e trovare un modo di vivere soddisfacente al di fuori della visione di contenuti pornografici.

L'affrontare una dipendenza richiede una comprensione profonda di sé stessi, e spesso richiede di affrontare le emozioni, le abitudini e le convinzioni che hanno portato a sviluppare tale dipendenza. La dipendenza può avere effetti negativi sulla relazione che si ha con il proprio corpo, e spesso porta ad una sensazione di disconnessione e distanza da esso. Per superare la dipendenza, è importante ristabilire una relazione sana con il proprio corpo.

Sviluppare una relazione sana con il proprio corpo non significa solo curare la propria immagine corporea, ma anche il modo in cui ci si relaziona con esso e lo si rispetta. Imparare ad accettare il proprio corpo è un processo di auto-esplorazione e autoaccettazione che richiede tempo e sforzo.

Per affrontare la dipendenza, è importante comprendere il ruolo che la pornografia ha avuto nella propria vita e come ha influenzato la propria immagine corporea. La pornografia spesso promuove immagini irrealistiche di corpi perfetti, causando insicurezze e distorsioni della percezione del proprio aspetto fisico.

Per sviluppare una relazione sana con il proprio corpo, bisogna esplorare e accettare la propria sessualità e l'immagine che se ne ha. Non si tratta solo di accettare il proprio corpo, ma di accettare anche la propria sessualità e di apprezzarla per quello che è. Questo processo richiede di mettersi in ascolto del proprio corpo e delle proprie emozioni, di apprezzarne le sensazioni, di comprendere le proprie preferenze e di riconoscere i propri limiti.

Un'altra parte importante della sviluppo di una relazione sana con il proprio corpo è l'adozione di uno stile di vita sano ed equilibrato. La pratica di attività fisica regolare, una dieta sana e il riposo adeguato possono aiutare a ridurre lo stress e ad aumentare l'autostima. Allo stesso tempo, bisogna evitare l'abuso di sostanze, come alcol e droghe, che possono avere un impatto negativo sulla salute e sul benessere generale.

In sintesi, sviluppare una relazione sana con il proprio corpo è un passo importante per superare la dipendenza dalla pornografia. Questo processo richiede di accettare il proprio corpo e la propria sessualità, di adottare uno stile di vita sano ed equilibrato e di mettersi in ascolto delle proprie emozioni. Solo così è possibile superare la dipendenza e vivere una vita piena e soddisfacente.

Strumenti di diagnosi

In questo capitolo del libro, vedremo alcuni strumenti di diagnosi per la dipendenza dalla pornografia che possono essere utili per coloro che sospettano di avere questo problema. Ci concentreremo sugli strumenti più comunemente utilizzati dagli esperti del settore per valutare l'entità della dipendenza.
Il primo strumento di diagnosi della dipendenza dalla pornografia è il questionario. Questo strumento è composto da una serie di domande che permettono di valutare il livello di dipendenza. Ad esempio, il questionario potrebbe chiedere al soggetto se ha mai avuto difficoltà a smettere di guardare pornografia o se ha mai sentito la necessità di guardare sempre più video sempre più estremi per sentirsi appagato.
Un altro strumento utilizzato per diagnosticare la dipendenza dalla pornografia è l'intervista clinica. In questo caso, un esperto del settore colloquia con il soggetto per valutare il livello di dipendenza. L'intervista può essere strutturata o non strutturata, a seconda della metodologia utilizzata. Questo strumento è particolarmente utile perché permette di approfondire maggiormente il problema e di avere una visione più completa del soggetto.
Un'altra forma di valutazione della dipendenza dalla pornografia è l'autovalutazione. In questo caso, il soggetto si autovaluta rispondendo a una serie di domande. Questo strumento può essere molto utile perché permette al soggetto di avere una maggiore consapevolezza del proprio problema.
Infine, un altro strumento di diagnosi utilizzato per valutare la dipendenza dalla pornografia è il monitoraggio dell'utilizzo di internet. Questo strumento prevede l'installazione di un software di monitoraggio che registra l'uso di internet del soggetto. Questo può

essere molto utile per valutare il tempo trascorso sulle pagine di pornografia.

In sintesi, esistono diversi strumenti di diagnosi per la dipendenza dalla pornografia, ognuno dei quali ha i propri vantaggi e svantaggi. Il questionario, l'intervista clinica, l'autovalutazione e il monitoraggio dell'utilizzo di internet sono tutti strumenti utili che possono aiutare a valutare l'entità della dipendenza.

Capitolo 6

Come sostituire l'uso della pornografia con attività positive e salutari

La dipendenza da pornografia è un problema che affligge molte persone e può avere un impatto negativo sulla loro vita. È importante trovare modi per sostituire l'uso della pornografia con attività positive e salutari che possono aiutare a ridurre la dipendenza e migliorare la salute mentale e fisica.

Una delle prime cose che si può fare è cercare di identificare le attività che si trovano più piacevoli e soddisfacenti. Questo può essere qualsiasi cosa, come lo sport, la lettura, la cucina, la musica o l'arte. L'importante è trovare attività che siano stimolanti e che possano aiutare a distrarsi dalla tentazione di utilizzare la pornografia.

Un'altra cosa da considerare è la partecipazione ad attività sociali. La socializzazione è un modo fantastico per distrarsi e migliorare la propria salute mentale. Questo può essere fatto attraverso l'iscrizione a un club o associazione locale o partecipando a eventi sociali come feste o cene. In questo modo si avrà la possibilità di incontrare nuove persone e di connettersi con altre persone che condividono gli stessi interessi.

Inoltre, l'esercizio fisico è un'altra attività molto importante che può aiutare a ridurre la dipendenza dalla pornografia. Lo sport e l'attività fisica in generale sono noti per aumentare i livelli di endorfine e di dopamina, che sono sostanze chimiche che possono aiutare a migliorare l'umore e ridurre lo stress. L'importante è trovare attività che siano adatte alle proprie esigenze e ai propri livelli di fitness. Infine, la meditazione e la pratica della mindfulness possono essere strumenti efficaci per ridurre la dipendenza dalla pornografia. La meditazione può aiutare a sviluppare la consapevolezza di sé e dei propri pensieri e sentimenti, aiutando a prevenire l'uso compulsivo della pornografia come modo per fuggire dalla realtà. La mindfulness può aiutare a concentrarsi sul momento presente e a ridurre la tendenza a essere distratti da pensieri o desideri negativi. In sintesi, ci sono molte attività positive e salutari che possono aiutare a sostituire l'uso della pornografia. È importante sperimentare diverse attività e trovare quelle che funzionano meglio per sé stessi. Ciò può richiedere tempo e perseveranza, ma con la pratica e la determinazione, si può superare la dipendenza dalla pornografia e vivere una vita più sana e felice.

La dipendenza dalla pornografia può essere un problema grave per molte persone e può influenzare negativamente la loro vita quotidiana. Tuttavia, ci sono modi per superare questa dipendenza e sostituire l'uso della pornografia con attività positive e salutari. Uno di questi modi è l'attività fisica.

L'attività fisica può essere un modo efficace per distrarsi dalla tentazione di guardare pornografia e migliorare la salute e il benessere in generale. L'esercizio fisico può ridurre lo stress e l'ansia, migliorare l'umore e aumentare l'autostima. Inoltre, l'attività fisica può aiutare a ridurre l'insonnia e migliorare la qualità del sonno.

Ci sono molte attività fisiche che possono aiutare a sostituire l'uso della pornografia, come la corsa, la camminata, il sollevamento pesi e molte altre. La scelta dell'attività fisica dipende dalle preferenze personali e dal livello di fitness individuale. È importante scegliere un'attività fisica che sia divertente e gratificante, in modo da poter mantenere la motivazione a lungo termine.

Inoltre, la pratica di attività fisica può essere un modo per socializzare e incontrare nuove persone. Unisciti a una squadra sportiva, partecipa a una classe di fitness o ad un corso di yoga per incontrare persone con interessi simili e condividere l'esperienza di mantenere uno stile di vita sano e attivo.

Infine, è importante mantenere un programma di attività fisica regolare e costante per vedere i risultati e sentirsi meglio. Ciò può richiedere un po' di sforzo iniziale, ma una volta che si inizia a vedere i benefici, può diventare un'abitudine piacevole e gratificante.

In sintesi, l'attività fisica può essere un modo efficace per sostituire l'uso della pornografia e migliorare la salute e il benessere in generale. La scelta dell'attività fisica dipende dalle preferenze personali e dal livello di fitness individuale. La pratica di attività fisica può essere anche un modo per socializzare e incontrare nuove persone. Infine, è importante mantenere un programma di attività fisica regolare e costante per vedere i risultati e sentirsi meglio.

La dipendenza è un problema che affligge molte persone in tutto il mondo. Una delle dipendenze più diffuse è quella dalla pornografia, che può essere estremamente distruttiva per la vita di una persona. Tuttavia, esistono modi per combattere questa dipendenza e sostituirla con attività più sane e positive. In questo libro, voglio approfondire l'argomento della sostituzione dell'uso della pornografia con hobby e interessi.

Uno dei modi migliori per superare la dipendenza dalla pornografia è di trovare attività alternative che possano soddisfare il bisogno di stimolazione e divertimento. Gli hobby e gli interessi possono essere una grande fonte di divertimento e gratificazione per chiunque, e possono anche aiutare a ridurre lo stress e l'ansia che spesso portano alla dipendenza.

Ci sono molti hobby e interessi che possono aiutare a sostituire l'uso della pornografia. Ad esempio, la fotografia può essere una grande passione per molte persone. Scattare foto può essere un modo per esprimere la creatività e la bellezza del mondo che ci circonda. Allo stesso modo, la pittura e il disegno possono essere attività molto gratificanti e rilassanti. Questi hobby possono anche aiutare a migliorare la capacità di concentrazione e a ridurre lo stress.

Altri hobby che possono aiutare a combattere la dipendenza dalla pornografia includono la lettura, la scrittura, la musica, il giardinaggio e lo sport. La lettura di libri può essere un modo fantastico per sfuggire alla realtà e immergersi in un mondo di fantasia. Scrivere può essere un modo per esprimere i propri pensieri e sentimenti in modo creativo e significativo. La musica può essere un'ottima fonte di ispirazione e rilassamento. Il giardinaggio può aiutare a connettersi con la natura e a trascorrere del tempo all'aria aperta. Lo sport può aiutare a mantenere il corpo in salute e a rilasciare endorfine che migliorano l'umore.

Inoltre, ci sono molti altri hobby e interessi che possono essere utilizzati per sostituire l'uso della pornografia. Tuttavia, è importante scegliere un'attività che sia interessante e gratificante per la persona. In questo modo, la persona sarà più motivata a continuare l'attività e meno propensa a tornare alla dipendenza.

Siamo convinti che questo libro possa aiutare molte persone a combattere la dipendenza dalla pornografia e a scoprire nuove attività che possono migliorare la loro vita. Speriamo che questa lettura possa essere un'ispirazione per tutti coloro che vogliono superare la dipendenza e vivere una vita più sana e felice.

Un'altra delle molte attività positive che possono aiutare a sostituire l'uso della pornografia è la socializzazione con amici e famiglia. Molte persone che soffrono di dipendenza dalla pornografia si ritirano in se stesse e si sentono imbarazzati di parlare della loro situazione con altri. Ma parlando con amici e familiari di ciò che si sta vivendo, si può trovare sostegno e solidarietà, e questo può aiutare a superare la dipendenza. La socializzazione può anche distrarre dalla voglia di guardare pornografia, fornendo un'alternativa sana e positiva.

Ci sono molte attività sociali che possono essere svolte al posto della pornografia. Ad esempio, andare al cinema con gli amici, organizzare una cena con la famiglia, partecipare a un evento sportivo o culturale, oppure unirti ad un gruppo o un club che abbia i tuoi stessi interessi. È importante cercare attività che si adattino alle tue esigenze e ai tuoi interessi, in modo che siano motivanti e divertenti.

La socializzazione con amici e familiari può anche aiutare a ricostruire relazioni che sono state danneggiate dalla dipendenza. La pornografia può portare a sentimenti di vergogna e colpa, e questo può rendere difficile per una persona parlare apertamente con gli altri. Ma se si trova il coraggio di parlare della propria situazione con chi ci sta accanto, si può ricostruire la fiducia e la connessione con gli altri.

Inoltre, la socializzazione con amici e familiari può anche portare a nuove amicizie e relazioni significative. L'essere circondati da persone che si curano e si sostengono reciprocamente può essere un fattore positivo nella lotta contro la dipendenza dalla pornografia. In questo modo, si può avere un ambiente di supporto in cui le sfide possono essere superate insieme.

In conclusione, la socializzazione con amici e familiari può essere un'alternativa positiva e salutare all'uso della pornografia. Questa attività può aiutare a distrarsi dalla voglia di guardare materiale pornografico e a ricostruire le relazioni danneggiate dalla dipendenza. Ci sono molte attività sociali che possono essere svolte, e trovare quelle giuste può essere un primo passo importante nella lotta contro la dipendenza.

Un'ulteriore attività positiva che può aiutare a sostituire l'uso della pornografia è imparare qualcosa di nuovo

L'apprendimento è un processo continuo e non ha mai fine. Imparare nuove cose ci aiuta a mantenere la mente attiva e ci dà una sensazione di soddisfazione. Inoltre, ci permette di sviluppare nuove competenze e conoscenze che possono essere utili nella vita quotidiana e nella carriera professionale.

Imparare qualcosa di nuovo può anche essere un'attività molto divertente e gratificante. Ci sono tantissimi argomenti che si possono approfondire, dallo studio di una nuova lingua all'apprendimento di un nuovo strumento musicale, dalla cucina all'arte, dalla storia alla scienza.

Per coloro che stanno cercando di smettere la dipendenza dalla pornografia, l'apprendimento di qualcosa di nuovo può essere un'ottima opportunità per distrarsi e impegnarsi in modo costruttivo. Invece di trascorrere ore a guardare video pornografici, si può dedicare tempo e impegno per acquisire nuove conoscenze e competenze.

L'apprendimento può anche essere una buona occasione per socializzare e incontrare nuove persone. Ci sono molti corsi e workshop che si possono frequentare, sia in presenza che online, che ci permettono di incontrare persone con interessi simili ai nostri e di condividere esperienze.

Inoltre, l'apprendimento può aiutare a migliorare l'autostima e la fiducia in sé stessi. Quando si impara qualcosa di nuovo, si acquisisce un senso di realizzazione e di soddisfazione personale che può essere molto gratificante.

In sintesi, l'apprendimento di qualcosa di nuovo è un'attività positiva e salutare che può aiutare a sostituire l'uso della pornografia con un'attività costruttiva e gratificante. Inoltre, l'apprendimento ci permette di sviluppare nuove competenze e conoscenze che possono essere utili nella vita quotidiana e nella carriera professionale. Quindi, se stai cercando un'alternativa alla pornografia, prova a imparare qualcosa di nuovo e goditi il processo di scoperta e di crescita personale.

La gratitudine è un'emozione potente e spesso sottovalutata che può avere un enorme impatto sulla nostra vita. Quando ci concentriamo sulla gratitudine, diventiamo più consapevoli di tutto ciò che ci circonda e apprezziamo le cose che spesso diamo per scontato. Inoltre, la gratitudine può aiutare a combattere la dipendenza dalla pornografia.

Quando si è dipendenti dalla pornografia, si tende a focalizzarsi sul piacere immediato e sulla soddisfazione sessuale. Questo può portare a sentimenti di vergogna, colpa e isolamento, che a loro volta possono alimentare ulteriormente la dipendenza. Ma se si inizia a praticare la gratitudine, si cambia il proprio atteggiamento mentale e si apprezza ciò che si ha, invece di cercare costantemente qualcosa di nuovo o più eccitante.

La gratitudine può essere praticata in molti modi diversi. Ad esempio, si può tenere un diario in cui si annotano tre cose per cui si è grati ogni giorno. Oppure, si può fare un esercizio di visualizzazione in cui si immagina di essere grato per tutto ciò che si ha nella propria vita. Inoltre, si può esprimere gratitudine alle persone che ci sono care, come amici e familiari, e ringraziarli per il loro supporto.

Praticare la gratitudine può anche aiutare a sviluppare la consapevolezza di sé e a rafforzare la propria autostima. Quando si impara ad apprezzare le proprie qualità e le proprie esperienze, si diventa più sicuri di sé e meno inclini a cercare il piacere attraverso la pornografia.

È importante notare che la pratica della gratitudine non è una soluzione magica alla dipendenza dalla pornografia. Tuttavia, può essere un modo utile per sviluppare un atteggiamento mentale più positivo e per combattere i sentimenti negativi che spesso accompagnano la dipendenza. Combinando la pratica della gratitudine con altre attività positive e salutari, si può creare un ambiente che favorisce il cambiamento e il recupero.

Se sei dipendente dalla pornografia, probabilmente hai una bassa autostima e una mancanza di fiducia in te stesso. Questo è spesso il risultato di anni di abuso eccessivo di pornografia, che ha alimentato pensieri negativi su di te e sulle tue capacità.

Per superare questa dipendenza, devi lavorare sulla tua autostima
e sulla tua autostima. Questo può sembrare difficile, ma in realtà ci
sono molte attività che puoi fare per migliorare la tua autostima.
In primo luogo, cerca di concentrarti sui tuoi successi e sulle tue
abilità. Prendi nota di ogni volta che riesci a superare un ostacolo o
a raggiungere un obiettivo. Celebrare i tuoi successi ti farà sentire
più sicuro di te e ti darà la fiducia necessaria per affrontare sfide
future.
In secondo luogo, cerca di concentrarti sui tuoi punti di forza invece
delle tue debolezze. Tutti hanno delle debolezze, ma concentrarsi
su di esse può erodere la tua autostima. Invece, pensa a ciò che sei
bravo a fare e cerca di sviluppare ulteriormente quelle abilità.
In terzo luogo, cerca di prenderti cura di te stesso. Fai attività che ti
fanno sentire bene, come fare una passeggiata, fare yoga o
meditare. Inoltre, cerca di dormire abbastanza, mangiare sano e
fare attività fisica regolarmente. Queste attività ti aiuteranno a
sentirti bene con te stesso e a migliorare la tua autostima.
Infine, cerca di essere gentile con te stesso. Non ti giudicare troppo
duramente e non aspettarti la perfezione. Ricorda che tutti
commettiamo errori e che ciò che conta è come ci riprendiamo dai
nostri errori e impariamo da essi.
In sostanza, lavorare sulla propria autostima e autostima è un
passo importante per superare la dipendenza dalla pornografia.
Concentrati sui tuoi successi, sui tuoi punti di forza, prenditi cura di
te stesso e sii gentile con te stesso. Con il tempo, vedrai un
aumento della tua autostima e della tua autostima, il che ti aiuterà a
superare la dipendenza dalla pornografia.

La meditazione e la mindfulness possono essere strumenti potenti per sostituire l'uso della pornografia e superare la dipendenza. Spesso la pornografia diventa un modo per evitare di affrontare i nostri pensieri, emozioni e sensazioni fisiche, ma con la meditazione e la mindfulness, possiamo imparare a diventare più consapevoli e accettare tutto ciò che proviamo.

La meditazione è una pratica antica che ci aiuta a concentrarci sul momento presente, a esplorare i nostri pensieri e a connetterci con il nostro corpo. È un modo per rilassarsi e liberarsi dallo stress e dalle preoccupazioni quotidiane. Quando ci concentriamo sulla meditazione, possiamo diventare più consapevoli di noi stessi, dei nostri pensieri e delle nostre emozioni. Questa consapevolezza può aiutare a identificare i trigger che portano all'uso della pornografia e aiutare a prevenire le ricadute.

La mindfulness, invece, è una pratica che ci insegna a concentrarci sull'esperienza del momento presente. Ci concentriamo sulla nostra respirazione, sul nostro corpo e sulle sensazioni che sentiamo. Invece di giudicare o reprimere le emozioni che proviamo, cerchiamo di osservarle e accettarle senza giudizio. Questa pratica ci aiuta a sviluppare una maggiore consapevolezza del nostro stato mentale e delle emozioni che possono innescare l'uso della pornografia.

La meditazione e la mindfulness possono essere utilizzate in combinazione con altre tecniche per aumentare la consapevolezza di se stessi e il controllo del proprio comportamento. Ad esempio, possiamo imparare a riconoscere e gestire lo stress, migliorare la nostra autostima e aumentare la nostra capacità di connessione con gli altri. Inoltre, la pratica regolare di meditazione e mindfulness può aiutare a migliorare la salute mentale in generale.

Smettere la dipendenza dalla pornografia richiede tempo, impegno e pazienza, ma con l'uso della meditazione e della mindfulness, possiamo imparare a gestire meglio i nostri pensieri ed emozioni e a trovare alternative più sane e gratificanti per gestire lo stress e le difficoltà della vita. Con una maggiore consapevolezza di se stessi e del mondo che ci circonda, possiamo creare una vita più felice e appagante.

Capitolo 7

Consigli per prevenire la ricaduta e mantenere il successo a lungo termine

La prevenzione è sempre la migliore strategia, soprattutto quando si tratta di dipendenze. La dipendenza dalla pornografia può essere prevenuta, ma è necessario comprendere quali fattori la alimentano. Innanzitutto, è importante educare le giovani generazioni sulle conseguenze negative dell'uso eccessivo della pornografia. Soprattutto per i giovani, l'accesso alla pornografia è sempre più facile, e spesso non c'è sufficiente consapevolezza delle conseguenze a lungo termine.

In secondo luogo, è importante capire che la dipendenza dalla pornografia spesso nasce come una forma di auto-medizione o evasione. Imparare a riconoscere i propri sentimenti e ad affrontarli invece di nasconderli attraverso l'uso della pornografia è un passo fondamentale per prevenire la dipendenza.

Inoltre, cercare attivamente modi sani e positivi di soddisfare i propri bisogni e desideri può aiutare a prevenire la dipendenza dalla pornografia. Questo può includere l'iscrizione a un club sportivo, la partecipazione a corsi di formazione, lo sviluppo di un hobby o l'apprendimento di nuove competenze. Cercare relazioni interpersonali sane e gratificanti, basate sulla reciproca comprensione e sul sostegno reciproco, è un altro modo per prevenire la dipendenza.

Infine, è importante comprendere che la dipendenza dalla pornografia è una malattia complessa e che prevenirla richiede un impegno costante. Ciò può includere la creazione di una rete di sostegno, come la partecipazione a gruppi di supporto o la ricerca di consulenza professionale. Imparare a riconoscere i segni precoci di una possibile dipendenza e agire tempestivamente per prevenirne lo sviluppo è essenziale per vivere una vita piena e soddisfacente.

La dipendenza dalla pornografia può avere effetti dannosi sulla salute mentale e sulle relazioni interpersonali. Per questo motivo, è importante prevenirla fin dall'adolescenza tramite l'educazione sessuale.

L'educazione sessuale aiuta a comprendere il sesso come un aspetto naturale e sano della vita, che deve essere affrontato in modo consapevole e responsabile. Questo tipo di educazione dovrebbe includere informazioni accurate sui corpi, sulle relazioni sessuali, sulla contraccezione e sulla prevenzione delle malattie sessualmente trasmissibili. Inoltre, è importante affrontare la pornografia in modo critico e discutere dei possibili effetti negativi sul benessere mentale e sulle relazioni.

Un approccio basato sull'educazione sessuale potrebbe essere particolarmente efficace per prevenire la dipendenza dalla pornografia, poiché aiuta a fornire una comprensione più ampia e approfondita della sessualità. Ciò può aiutare a ridurre l'attrattiva della pornografia come fonte di informazioni e ad aumentare la consapevolezza degli effetti negativi che può avere sulla salute mentale.

Inoltre, l'educazione sessuale può anche aiutare a fornire strumenti pratici per gestire i desideri sessuali in modo sano e responsabile, senza ricorrere alla pornografia. Questo potrebbe includere l'apprendimento di tecniche di rilassamento, la pratica di esercizi di

mindfulness e l'esplorazione di attività alternative che promuovono
la soddisfazione sessuale senza dipendere dalla pornografia.
Infine, è importante sottolineare l'importanza della comunicazione
aperta e onesta con i partner sessuali. Discutere delle preferenze e
dei limiti sessuali in modo chiaro e rispettoso può aiutare a creare
relazioni più sane e appaganti, riducendo la probabilità di
dipendenza dalla pornografia come forma di auto-stimolazione.
In sintesi, l'educazione sessuale può essere un'importante strategia
preventiva per la dipendenza dalla pornografia. Essa aiuta a fornire
una comprensione più approfondita e critica della sessualità,
nonché strumenti pratici per gestire i desideri sessuali in modo sano
e responsabile. Inoltre, promuove la comunicazione aperta e onesta
con i partner sessuali, contribuendo a creare relazioni più sane e
appaganti.
La dipendenza dalla pornografia è una problematica che colpisce
molte persone e può avere effetti negativi sulla salute mentale e
sulle relazioni interpersonali. Una delle possibili strategie per
prevenirla è l'autoaccettazione, ovvero l'accettazione di sé stessi e
dei propri desideri sessuali senza giudizio o vergogna.
Spesso la pornografia viene utilizzata come una sorta di fuga dalle
difficoltà della vita quotidiana, ma l'autoaccettazione può aiutare a
sviluppare una maggiore consapevolezza di sé e delle proprie
emozioni, consentendo di affrontare i problemi in modo più
costruttivo e creativo.
L'autoaccettazione può essere raggiunta attraverso diverse
pratiche, come la meditazione, la mindfulness e la psicoterapia, che
aiutano a sviluppare una maggiore consapevolezza di sé e del
proprio corpo.

Anche l'esercizio fisico può essere utile, poiché favorisce il rilascio di endorfine, che contribuiscono a migliorare l'umore e la sensazione di benessere.

Inoltre, l'autoaccettazione può aiutare a sviluppare una maggiore fiducia in sé stessi, riducendo la necessità di cercare conferme esterne attraverso la pornografia. Questo può portare a una maggiore soddisfazione sessuale e a relazioni interpersonali più sane e appaganti.

Per raggiungere l'autoaccettazione, è importante lavorare sulla propria autostima e sull'accettazione di sé stessi, riconoscendo e accettando sia i propri punti di forza che le proprie debolezze.

Inoltre, è importante sviluppare un atteggiamento compassionevole e indulgente verso se stessi, riconoscendo che tutti abbiamo difetti e che è normale commettere errori.

Infine, è importante evitare di giudicare se stessi o gli altri per le loro scelte sessuali e di cercare di essere aperti e rispettosi nei confronti delle diverse espressioni della sessualità umana. L'educazione sessuale può essere utile per comprendere meglio le diverse sfaccettature della sessualità umana e per sviluppare una maggiore consapevolezza e comprensione di sé stessi e degli altri.

In sintesi, l'autoaccettazione può essere un'importante strategia per prevenire la dipendenza dalla pornografia, aiutando a sviluppare una maggiore consapevolezza di sé e delle proprie emozioni, una maggiore fiducia in sé stessi e relazioni interpersonali più sane e appaganti.

Un'altra strategia che può essere utilizzata per prevenire è limitare l'accesso alla pornografia.

Limitare l'accesso alla pornografia può essere un passo importante per prevenire la dipendenza. Ci sono diverse modalità per farlo, come ad esempio l'utilizzo di software di controllo parentale o di programmi che bloccano l'accesso a determinati siti web. Anche limitare l'accesso ai dispositivi che consentono l'utilizzo della pornografia, come i computer o i cellulari, può essere una buona strategia.

Tuttavia, limitare l'accesso alla pornografia potrebbe non essere sufficiente per prevenire completamente la dipendenza. È importante anche capire le cause sottostanti della dipendenza dalla pornografia e lavorare su di esse. Ad esempio, molte persone si rivolgono alla pornografia come modo per gestire lo stress o le emozioni negative. In questo caso, è importante trovare altre attività o strategie di coping che possano aiutare a gestire lo stress in modo sano.

Inoltre, limitare l'accesso alla pornografia non dovrebbe essere visto come una soluzione a breve termine. È importante che ci sia un impegno costante nel tempo per mantenere questa abitudine. Ciò può richiedere l'utilizzo di strumenti per il controllo del tempo trascorso sui dispositivi o l'adozione di abitudini che prevedono un limitato utilizzo dei dispositivi e un maggiore coinvolgimento in attività offline.

In generale, limitare l'accesso alla pornografia può essere una strategia efficace per prevenire la dipendenza, ma è importante anche lavorare su altre abitudini e comportamenti per prevenire l'insorgenza della dipendenza stessa.

L'autocontrollo, ovvero la capacità di gestire i propri impulsi e desideri senza farsi sopraffare dalle pulsioni. L'autocontrollo è una capacità che si può sviluppare attraverso l'allenamento e la consapevolezza di sé stessi.

Innanzitutto, è importante comprendere i motivi alla base dell'insorgere della dipendenza dalla pornografia. Spesso, questo problema è causato da un desiderio di gratificazione immediata e di evasione dalla realtà, che porta a un circolo vizioso di dipendenza. Per prevenire questo fenomeno, è necessario sviluppare la capacità di autocontrollo e la consapevolezza dei propri impulsi.

Una tecnica utile per sviluppare l'autocontrollo è quella del "mindfulness", ovvero la pratica di essere consapevoli del presente, del proprio corpo e dei propri pensieri, senza giudicarli o reprimere le emozioni. Attraverso questa pratica, si può sviluppare la capacità di riconoscere le proprie pulsioni sessuali e gestirle in modo consapevole, senza farsi sopraffare dalla tentazione.

Inoltre, è importante imparare a riconoscere i propri limiti e a rispettare le proprie esigenze. Ciò significa avere la capacità di dire "no" a situazioni che non ci soddisfano e di evitare comportamenti che potrebbero portare alla comparsa della dipendenza dalla pornografia. Questo non significa negare completamente la sessualità, ma piuttosto sviluppare una relazione sana e consapevole con essa.

Infine, è utile cercare supporto e aiuto da parte di professionisti, amici o familiari. La dipendenza dalla pornografia può essere un problema difficile da affrontare da soli, ma con il supporto di persone vicine e competenti si può fare un percorso di crescita e superamento del problema.

In sintesi, per prevenire e superare la dipendenza dalla pornografia, è necessario sviluppare la capacità di autocontrollo e di consapevolezza di sé stessi, attraverso la pratica del mindfulness e l'attenzione ai propri limiti e alle proprie esigenze. Inoltre, è utile cercare supporto da parte di professionisti o persone vicine.

Capitolo 8

L'impatto della pornografia sulla società e la cultura e come combatterlo

La pornografia ha un impatto significativo sulla società e sulla cultura, e la dipendenza da essa può avere conseguenze devastanti per la vita di una persona. Ciò che spesso non si considera è che la pornografia non solo ha un impatto sulla persona che ne è dipendente, ma anche sulle relazioni, sulla salute mentale e fisica e sulla società in generale.

In particolare, la diffusione della pornografia ha portato a una maggiore oggettivazione del corpo umano, promuovendo un'idea distorta di ciò che è normale e accettabile in termini di sesso e relazioni. Inoltre, la dipendenza dalla pornografia può portare a problemi come l'ansia sociale, la depressione e la disfunzione erettile.

Per combattere questo problema, è importante aumentare la consapevolezza dell'impatto della pornografia sulla società e sulla cultura. Ciò significa che sia gli individui che le comunità devono assumersi la responsabilità di educare se stessi e gli altri sui rischi e sui pericoli della pornografia.

Le scuole possono svolgere un ruolo importante nell'educazione dei giovani sull'importanza del sesso consensuale e delle relazioni sane, promuovendo l'idea che l'immagine distorta della pornografia non rappresenta la realtà. I genitori possono essere coinvolti nella conversazione con i loro figli, aprendo il dialogo sulla sessualità e la relazione in modo da ridurre l'interesse per la pornografia.

Inoltre, i governi e le organizzazioni devono agire per limitare l'accesso alla pornografia, soprattutto per i minori. Ciò potrebbe includere una maggiore regolamentazione del contenuto online o una maggiore diffusione di programmi di filtro per la protezione dei minori.

In conclusione, è importante riconoscere l'impatto negativo che la pornografia può avere sulla società e sulla cultura e prendere misure concrete per combattere la dipendenza da essa. Solo attraverso un'educazione approfondita e una maggiore consapevolezza, insieme all'azione da parte dei governi e delle organizzazioni, possiamo sperare di porre fine a questo problema.

La pornografia ha un impatto significativo sulla società e sulla cultura. Tuttavia, spesso non si prendono in considerazione le ripercussioni che questa industria può avere sull'intera industria del sesso.

L'industria del sesso è un'attività che coinvolge molte persone, spesso vulnerabili, tra cui le lavoratrici e i lavoratori del sesso, le prostitute e le persone costrette a partecipare a attività sessuali a causa della povertà o della dipendenza. L'industria del sesso è stata oggetto di dibattiti accesi a causa del suo impatto sulla società e delle condizioni di lavoro dei dipendenti.

L'industria del sesso ha una lunga storia di abusi e sfruttamento, con molte donne e bambini costretti a partecipare a attività sessuali contro la loro volontà. La pornografia può avere un effetto negativo su queste persone, non solo a causa delle condizioni di lavoro in cui spesso sono costrette a lavorare, ma anche a causa dell'aumento della domanda di questo tipo di materiale.

Tuttavia, ci sono diverse iniziative che possono essere intraprese per combattere l'industria del sesso e proteggere coloro che sono vulnerabili a questa attività. Alcune di queste iniziative includono l'educazione sulle conseguenze della pornografia e sulla prevenzione dell'abuso sessuale, la lotta contro il traffico di esseri umani e il sostegno ai lavoratori del sesso per proteggere i loro diritti.

Inoltre, un modo efficace per combattere l'industria del sesso è quello di diminuire la domanda di materiale pornografico. Ciò può essere fatto attraverso l'educazione sulla dipendenza dalla pornografia e sui suoi effetti negativi sulla salute mentale e fisica. Le persone possono anche essere incoraggiate a cercare attività alternative che promuovano la salute sessuale e le relazioni interpersonali sostenibili.

In sintesi, la pornografia ha un effetto significativo sulla società e sulla cultura, e può influenzare l'intera industria del sesso. Per proteggere le persone vulnerabili e combattere l'industria del sesso, è importante educare le persone sui rischi associati alla pornografia e promuovere attività alternative che promuovano la salute sessuale e le relazioni interpersonali.

La pornografia è stata per anni un tema controverso nella società moderna, soprattutto per il suo impatto sulla cultura e sulla sessualità. Con l'avvento della tecnologia e la diffusione di internet, l'accesso alla pornografia è diventato più facile e immediato,

rendendola una fonte di gratificazione sessuale sempre più diffusa.
Questa rapida diffusione ha portato a una maggiore esposizione
della società alla pornografia, ma anche a un cambiamento nella
percezione della sessualità e nella cultura che la circonda.
La tecnologia ha reso la pornografia accessibile in qualsiasi
momento e in qualsiasi luogo, con conseguenze notevoli sulla
società. La diffusione della pornografia ha cambiato la percezione
del sesso e della sessualità, influenzando le relazioni interpersonali
e la percezione del proprio corpo. In particolare, la pornografia ha
portato alla creazione di una cultura sessuale distorta, basata su
stereotipi e ideali irrealistici, che può influenzare negativamente
l'autostima e la salute sessuale delle persone.
Inoltre, la diffusione della pornografia ha anche avuto un impatto
significativo sull'industria del sesso. L'accessibilità e la diffusione
della pornografia hanno aumentato la domanda di servizi sessuali a
pagamento, e questo ha portato all'aumento dell'industria del sesso
e dei problemi correlati, come lo sfruttamento sessuale e la tratta di
esseri umani. Tuttavia, molte organizzazioni stanno combattendo
queste problematiche, cercando di sensibilizzare l'opinione pubblica
e promuovendo l'educazione sessuale per ridurre la richiesta di
servizi sessuali.
In sintesi, la pornografia ha avuto un impatto significativo sulla
società e sulla cultura, influenzando la percezione della sessualità e
l'industria del sesso.

E' importante che le persone comprendano le conseguenze negative della pornografia sulla loro salute sessuale e sulla società in generale, e si impegnino a lottare contro questo fenomeno. La sensibilizzazione, l'educazione e la promozione di una cultura sessuale sana e rispettosa possono aiutare a prevenire la dipendenza dalla pornografia e promuovere una società più sana e consapevole.

La diffusione della pornografia nella società moderna è un fenomeno complesso e influente che merita di essere esaminato con attenzione. Una delle questioni chiave è il ruolo dei media nella promozione o nella sconfitta della pornografia. È importante considerare come le rappresentazioni della sessualità nei media possono influenzare la percezione del pubblico e come questo a sua volta possa incidere sulla diffusione della pornografia e sulla dipendenza ad essa associata.

Il problema è che molti media moderni, come Internet, la televisione e i social network, hanno reso la pornografia più accessibile che mai. Ciò ha portato a una maggiore diffusione della pornografia e alla creazione di una cultura sessuale distorta e problematica. Inoltre, molte rappresentazioni dei media della sessualità sono estremamente esagerate e irrealistiche, che può portare a problemi di autostima e insoddisfazione sessuale.

In questo contesto, i media possono svolgere un ruolo cruciale nella promozione di una cultura sessuale più sana e nell'aiutare a prevenire la dipendenza dalla pornografia.

Ci sono molte iniziative positive che potrebbero essere prese a questo riguardo, come la promozione di una sessualità più realistica e consensuale nei media, l'educazione sessuale nelle scuole e la sensibilizzazione del pubblico sui pericoli della dipendenza dalla pornografia.

Inoltre, è importante che i media stessi siano responsabili nel modo in cui presentano la sessualità e il sesso. Devono evitare di sfruttare la sessualità come uno strumento di vendita e di essere attenti a come presentano la pornografia. Ciò potrebbe comportare la messa in atto di norme più severe sulla pubblicità sessuale e sulla rappresentazione della sessualità nei media, o la promozione di una maggiore responsabilità da parte dei produttori di contenuti pornografici.

Infine, è importante che le persone siano educate sulla sessualità in modo realistico e sano fin dall'infanzia. L'educazione sessuale dovrebbe essere un aspetto importante dell'istruzione scolastica, e dovrebbe essere fornita in modo equilibrato e basato sulla scienza. In questo modo, le persone potranno sviluppare una comprensione sana e realistica della sessualità e prevenire la dipendenza dalla pornografia.

In sintesi, la pornografia ha un impatto significativo sulla società e sulla cultura, e i media svolgono un ruolo cruciale nella promozione o nella sconfitta della pornografia. È importante promuovere una sessualità più realistica e consensuale nei media, educare il pubblico sui pericoli della dipendenza dalla pornografia e promuovere una maggiore responsabilità da parte dei produttori di contenuti pornografici. In questo modo, possiamo creare una cultura sessuale più sana e prevenire la dipendenza dalla pornografia.

La diffusione della pornografia ha avuto un impatto significativo sulla società e sulla cultura, portando ad una dipendenza sessuale che può avere conseguenze negative sulla salute mentale e fisica delle persone coinvolte.

Tuttavia, molte organizzazioni e governi stanno lavorando per combattere questa diffusione e per prevenire il pericolo della dipendenza dalla pornografia.

L'educazione sessuale è uno degli sforzi più importanti per combattere la pornografia, poiché aiuta le persone a comprendere i pericoli della dipendenza e ad avere una visione più sana e consapevole della sessualità. I programmi di educazione sessuale possono includere la formazione di insegnanti, genitori e giovani sulle conseguenze della pornografia e sulle alternative possibili, come la comunicazione aperta e la connessione emotiva durante l'atto sessuale.

La censura è un altro mezzo attraverso il quale molte organizzazioni e governi cercano di limitare la diffusione della pornografia. Sebbene la censura possa sembrare un'opzione allettante, in realtà non è la soluzione ideale. La censura può essere controversa e creare censura su altri tipi di contenuti, portando alla limitazione della libertà di espressione e alla violazione dei diritti umani. Inoltre, la censura non è sempre efficace, poiché il contenuto potrebbe essere facilmente accessibile attraverso altre piattaforme online. L'importanza della prevenzione della dipendenza dalla pornografia ha portato ad una crescente attenzione delle organizzazioni e dei governi sul problema.

Molti di essi stanno sviluppando politiche e programmi per aiutare le persone a superare la dipendenza e promuovere una sessualità sana. Questi sforzi possono includere la creazione di programmi di riabilitazione e il finanziamento di studi per comprendere meglio gli effetti a lungo termine della pornografia sulla salute mentale e fisica delle persone.

In conclusione, combattere la diffusione della pornografia e la dipendenza sessuale è una sfida che richiede una combinazione di sforzi da parte di organizzazioni e governi, ma anche da parte di singoli individui. L'educazione sessuale, la creazione di politiche adeguate e lo sviluppo di programmi di riabilitazione sono tutte soluzioni potenziali che possono aiutare a prevenire la diffusione della pornografia e promuovere una sessualità sana e consapevole.

La pornografia, come abbiamo visto in precedenza, può avere una serie di impatti negativi sulla società e sulla cultura. Uno di questi impatti è la diffusione della violenza sessuale e la desensibilizzazione alla violenza e all'oggettivazione delle donne.

La pornografia spesso rappresenta le donne come oggetti sessuali, privi di emozioni o personalità, e le presenta come oggetti da possedere e dominare. Questa rappresentazione può portare a un aumento della violenza sessuale e alla desensibilizzazione alle conseguenze negative di questo tipo di comportamento.

Inoltre, la pornografia può incoraggiare l'idea che la sessualità sia solo per il piacere fisico e che la connessione emotiva sia inutile o addirittura dannosa. Questo può portare a una perdita di rispetto e di empatia per i partner sessuali, che vengono visti come semplici strumenti per soddisfare i propri desideri. La pornografia può quindi contribuire alla normalizzazione di comportamenti sessualmente violenti o coercitivi e alla degradazione delle donne.

Per combattere questi effetti negativi della pornografia sulla società, è importante sensibilizzare il pubblico su questi problemi e promuovere un'educazione sessuale sana e rispettosa, sia a livello individuale che istituzionale. Inoltre, le organizzazioni possono lavorare per regolamentare l'industria della pornografia e limitare la sua diffusione. I governi possono adottare politiche di censura della pornografia e promuovere la creazione di alternative sane e positive alla pornografia.

In ultima analisi, la lotta contro la pornografia e i suoi effetti negativi sulla società e sulla cultura richiede uno sforzo collettivo e una maggiore consapevolezza delle sue conseguenze. Dobbiamo lavorare insieme per promuovere una cultura del rispetto e dell'empatia, e cercare di limitare l'uso della pornografia e della violenza sessuale nella società. Solo in questo modo possiamo costruire un mondo in cui tutti possano vivere in sicurezza e rispetto reciproco.

www.ingramcontent.com/pod-product-compliance
Lightning Source LLC
Chambersburg PA
CBHW070758250726
48662CB00004B/1866